« À Mélanie. »

Béatrice Égémar

« Pour Lorenzo et son immense désir d'apprendre. »

Céline Chevrel

Texte des pages d'infos : Sylvie Michel
Illustrations des pages d'infos (Oscar et Lou) : Fred Multier
Illustrations des jeux : Jean-Gabriel Jauze

www.editionsfleurus.com
ISBN : 978-2-2150-4678-3
N° d'édition : 08138

« Loi n° 49-956 du 16 juillet 1949 sur les publications destinées à la jeunesse. »

Quand je serai grande, je serai…

maîtresse d'école

Texte de Béatrice Égémar ★ Illustrations de Céline Chevrel

Un métier, une histoire

FLEURUS

Le vieux cartable en cuir

« On s'ennuie, soupirent Tom et Lili.
Mathilde lève le nez de son livre et regarde ses deux cousins, des jumeaux. Elle propose :
« Si on jouait à l'école ?
– Oh oui, approuve Lili.
– Suivez-moi, on va s'installer dans le grenier ! »
Le week-end, le grenier de la maison de tante Lucie sert de salle de jeux. Les trois cousins aiment s'amuser là, au milieu des cartons, des malles et des vieux meubles.

« Tom et Lili, asseyez-vous là, ordonne Mathilde.
Moi, je serai la maîtresse...
– Comme d'habitude », plaisante Tom.
Mathilde fronce les sourcils ; bien sûr qu'elle fera la maîtresse, elle est la plus grande des trois ! Et puis, c'est le rôle qu'elle préfère.

« Maîtresse, se plaint Lili, je n'ai rien pour écrire !
– On ne peut pas jouer à l'école sans livre ni cahier, ajoute son frère. Je vais en chercher en bas !
– Je viens avec toi », s'écrie Lili en se levant d'un bond.

Hop ! les jumeaux filent dans l'escalier, abandonnant Mathilde, découragée. Ils ne restent jamais en place, se dit-elle en ouvrant au hasard une malle d'osier, pleine de vieux manteaux.

Tiens, qu'est-ce qui est glissé là-dessous ?

On dirait une petite valise en cuir… remplie de vieux cahiers et de livres jaunis.

« Ça alors, s'écrie Mathilde, c'est un vieux cartable !

Il y a même une ardoise ! »

Elle court montrer sa trouvaille à tante Lucie qui s'étonne :
« Je n'ai jamais vu ce cartable dans mon grenier !
Il y était sûrement quand nous avons acheté la maison. »
Tante Lucie feuillette un cahier :
« Regarde la date : mardi 13 mai 1936 ! Je n'étais même pas née !
– Oh! s'écrie Mathilde. Et si j'apportais le cartable à l'école pour le montrer à ma maîtresse ?
– C'est une excellente idée. »

Le lendemain, après la classe, Mathilde montre sa trouvaille à son institutrice.

« Il est magnifique, dit madame Simon. Voyons ce qu'il y a dedans… Des livres de calcul, de poésie, un plumier, des cahiers… »

L'institutrice déchiffre une étiquette collée sur un cahier :

« On connaît même le nom de sa propriétaire :

Noëlle Lenoir. Cours préparatoire. Elle devait avoir ton âge ! »

Mathilde observe l'écriture, fine et régulière, à l'encre violette : « Elle écrivait drôlement bien !

– On écrivait avec un porte-plume, explique la maîtresse, regarde, il y en a un dans le plumier. »

Mathilde saisit un cahier et une photo de classe en noir et blanc s'échappe d'entre les pages : les enfants, debout, entourent leur institutrice. Ils portent de grosses chaussures et des blouses à plis. Leurs prénoms sont notés à l'arrière de la photo : Michel, Georges, Claudette, Lysiane, Paul, Noëlle... Noëlle Lenoir ? C'est elle ?

Mathilde et madame Simon se penchent sur la photo : la fillette a des cheveux courts retenus sur le côté par une barrette. Elle sourit.

« C'est drôle, s'amuse Mathilde, elle ressemble un peu à Lisa. »

Mathilde regarde l'institutrice de la photo :
« La maîtresse a l'air sévère.
– Tu trouves ? Tu sais, elle faisait le même travail que moi, explique madame Simon, elle enseignait aux enfants la lecture, l'écriture, le calcul...
– C'était comme aujourd'hui, alors ?
– Pas tout à fait, certaines choses ont changé, précise l'institutrice. On apprenait beaucoup de choses par cœur, comme le nom des départements. »
Mathilde grimace ; apprendre par cœur, elle n'aime pas trop ça.

« Est-ce que la maîtresse amenait les enfants à des expositions, comme vous ?
– Des expositions, je ne sais pas, mais les instituteurs leur faisaient visiter des ateliers de poterie, de couture, ils les amenaient observer la nature, les insectes…
– Il y avait des récréations ? » s'inquiète Mathilde.
Madame Simon rit :
« Bien sûr ! Et on jouait déjà aux billes et à l'élastique !

Écoute, Mathilde, toutes tes questions et ce vieux cartable me donnent une idée. »

Madame Simon tape dans les mains :

« Les enfants, j'ai quelque chose à vous proposer ! Mathilde a trouvé un vieux cartable dans un grenier. Il date de 1936. Regardez tout ce qu'il contient. »

L'institutrice fait passer aux enfants le cartable, les cahiers, les livres.

« Je pense qu'on pourrait se servir de tout ça pour notre spectacle de fin d'année et travailler sur le thème " l'école d'hier et d'aujourd'hui ". Qu'en pensez-vous ?

– Super ! s'écrie Maëlle.

– Encore l'école, soupire Nicolas, ça ne nous changera pas beaucoup…

– Vous pourriez vous habiller comme les enfants de la photo, explique la maîtresse, et montrer au public ce que l'on faisait à l'école à l'époque…

– Ce sera génial ! » clame Mathilde, ravie.

Les semaines suivantes, toute la classe travaille sur le projet de spectacle. Mathilde jouera son rôle préféré, celui de la maîtresse. Le spectacle s'appellera :

« Un vieux cartable raconte… »

Chaque vendredi, les enfants répètent pendant une heure et Mathilde attend ce moment avec impatience !
Ce matin, on travaille la scène où la maîtresse fait réciter leur poésie aux élèves.

C’est au tour de Corentin, mais le garçon, très étourdi, n’arrive pas à se souvenir du premier vers. Mathilde se fâche :

« Corentin, tu n’as pas révisé !

Je te mets un zéro et tu seras puni !

– Attention, Mathilde, corrige madame Simon, une maîtresse doit avoir de la patience et ne pas s’énerver. Corentin a besoin d’un peu de temps... »

Ça y est ! Le grand jour est arrivé, c'est la fête de l'école !

Les parents et les amis sont là. Mathilde et ses copains se préparent dans la bibliothèque transformée en vestiaire. La petite fille a mis une jupe grise, et sa maman lui a fait un chignon pour qu'elle ait l'air d'une dame.

« Bonjour, maîtresse, plaisante Nicolas en la voyant. Tu as le trac ?

– Un peu », avoue Mathilde.

« Les enfants, c'est à vous »,

dit madame Simon.

Sur l'estrade, on a installé des pupitres en bois, des plumiers et une ancienne carte de géographie. Le vieux cartable en cuir est posé contre une chaise, bien en évidence. Les enfants entrent en scène et s'assoient, tandis que Mathilde reste debout, au tableau. C'est à elle ! Elle se lance :

« Les enfants, aujourd'hui, nous allons apprendre la table de multiplication par sept... »

"Un Vieux cartable raconte..."

Youpi, c'est fini !

Mathilde et ses amis ont été parfaits et tout s'est bien passé. Les parents applaudissent à tout rompre. Le directeur monte sur scène et félicite les enfants et leur maîtresse. Madame Simon explique :
« Nous avons construit ce spectacle à partir d'un vieux cartable en cuir qu'une élève a trouvé dans un grenier. Mathilde, peux-tu le montrer au public ? »

Mathilde, tout émue, saisit le cartable et le soulève pour le faire voir. Elle entend alors une vieille dame, assise au premier rang, qui s'étonne :

« C'est surprenant,
on dirait le cartable que j'avais
au cours préparatoire… »

Les enfants courent se changer dans la bibliothèque sauf Mathilde : dès qu'elle est descendue de la scène, elle a rejoint la vieille dame qui l'attendait. Avec madame Simon, elles examinent le vieux cartable :

« C'est bien le mien, s'écrie la vieille dame, si vous saviez comme je suis contente de le retrouver, je l'avais perdu dans un déménagement ! »

– Vous êtes Noëlle Lenoir ? » s'étonne Mathilde.
Il lui semble incroyable que la petite fille à la barrette de la photo soit devenue une grand-mère, mais la dame sourit :
« Oui, et je m'appelle Noëlle Loiseau depuis mon mariage.

Je suis la grand-mère de Lisa Loiseau,
qui est en CM1. »

Noëlle Lenoir, la grand-mère de Lisa ? Mathilde n'en revient pas !

La vieille dame feuillette les livres et les cahiers, très émue :

« Et voilà la photo de classe que j'ai tant cherchée ! À l'époque, j'étais dans la même classe que ma meilleure amie, Claudette. C'est un beau souvenir. Je peux la prendre ?

– Qu'en penses-tu, Mathilde ? » demande madame Simon.

Mathilde a un pincement au cœur : elle aimait bien la photo et le vieux cartable. Mais elle comprend que madame Loiseau ait envie de les récupérer :

« Bien sûr, tout ça est à vous !

– Je voudrais juste la photo, précise la vieille dame ;

si tu veux le cartable, prends-le,

je te l'offre avec plaisir !

– Oh, merci ! » s'écrie Mathilde.

"Un Vieux cartable raconte..."

Avant de rentrer, Mathilde et sa maman discutent avec madame Simon :
« Alors, Mathilde, qu'est-ce que tu as pensé de ton rôle ? demande la maîtresse.
– J'ai beaucoup aimé, répond Mathilde, et je ne me suis pas du tout trompée !

Mais je préfère l'école d'aujourd'hui, quand même. »

Sa maman rit :
« Je te trouve très naturelle en maîtresse, tu sais. Ce n'est pas étonnant, tu joues souvent à l'école avec tes cousins.

– Je ne le savais pas ! s'étonne madame Simon. Tu deviendras peut-être institutrice plus tard, qu'en penses-tu ?

– Pourquoi pas ? »
répond Mathilde en riant.

Rencontre avec… une maîtresse d'école

Interview de Lou, photos d'Oscar.

Il y a une nouvelle maîtresse, Anne, dans l'école d'Oscar et Lou. Ils la rencontrent un samedi après-midi pour faire sa connaissance.

Y a-t-il une école pour être maîtresse ?

Eh oui ! Il existe une école où tu apprends… à apprendre ! Ensuite, je suis allée dans une école primaire pour aider une maîtresse dans sa classe toute une année. Ça m'a permis de m'entraîner avant d'avoir ma classe.

Est-ce que tu aimais l'école quand tu étais petite ?

J'aimais beaucoup y aller. J'aimais apprendre à compter, à écrire de nouveaux mots et j'adorais jouer dans la cour ! Courir, bavarder avec mes copines ! Finalement, depuis que j'ai trois ans, je passe ma vie à l'école !

Qui décide ce que tu dois apprendre aux enfants ?

Le ministre de l'Éducation nationale et des professeurs. Ils expliquent aussi comment les maîtres et les maîtresses doivent vous enseigner l'orthographe, le calcul, l'histoire…

Que fais-tu lorsqu'un élève chahute en classe ?

Je commence toujours par lui parler, par lui demander de se taire. S'il continue à faire le pitre, je lui donne une punition en lui expliquant pourquoi.

Quand tu auras un enfant, voudras-tu l'avoir dans ta classe ?

Non, pour éviter la jalousie. Certains élèves pourraient penser que je m'occupe plus de mon enfant que des autres. Et puis, comment m'appellerait-il ? Maman ? Maîtresse ? Il se tromperait tout le temps !

Le sais-tu ?

Il y a longtemps, les enfants allaient à l'école toute la journée du samedi et se reposaient le jeudi. Quand on a supprimé l'école le samedi après-midi, le jour de repos des enfants est devenu le mercredi.

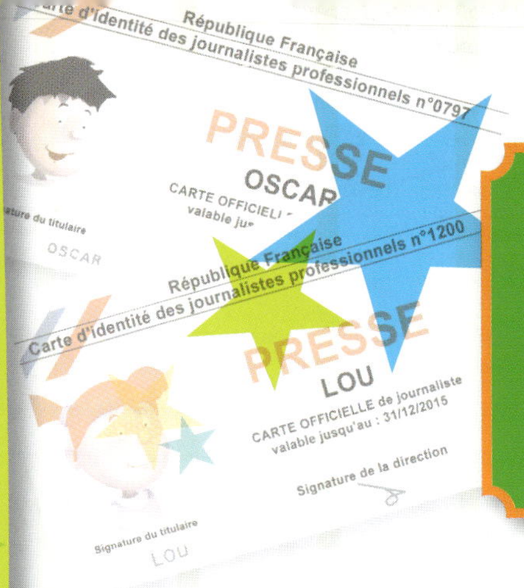

Une journée avec… une maîtresse d'école

Oscar et Lou accompagnent Anne toute une journée pour la voir faire la classe à ses élèves.

★ Chaque matin, Anne commence par la phrase du jour et le mot du jour. Elle explique une expression, comme « gai comme un pinson », et un mot qu'elle a choisi au hasard dans le dictionnaire. Puis elle fait l'appel.

★ Tout le monde est là ? La classe peut commencer ! D'abord, des mathématiques. Combien font 10 + 10 ? Dessinez-moi un triangle… Il faut bien écouter pour comprendre les exercices.

★ Dring ! C'est la récré ! Marelle, football, corde à sauter, balle au prisonnier... Les enfants courent et crient dans tous les sens. Ils ont besoin de se défouler ! Les maîtresses les surveillent et discutent entre elles.

★ Après la récré, Anne apprend le français à ses élèves. Aujourd'hui, elle enseigne la conjugaison du verbe avoir et une poésie de Jacques Prévert, « Peindre d'abord une cage… ».

★ Midi ! On a faim ! Certains enfants déjeunent à la maison, d'autres à la cantine. Souvent les maîtres et les maîtresses prennent leur repas ensemble à l'école.

L'après-midi, Anne propose des activités d'éveil pour rêver, s'évader, rire. Il y a de la géographie, de l'histoire, des discussions sur l'actualité ou sur la vie à l'école. Certains jours, les élèves font de la peinture, apprennent des chansons ou vont à la piscine…

Quand arrive la fin de la journée, les enfants sont fatigués et les maîtresses aussi ! On rentre à la maison pour prendre un bon goûter et à demain !

Le dico de Lou

Une école laïque : c'est une école où on n'enseigne pas la religion.

L'astronomie : c'est la science qui étudie les étoiles, les planètes et tout ce qui existe dans l'univers.

Qui a inventé l'école ?

L'école est aussi ancienne que l'écriture, personne ne l'a vraiment « inventée ». Mais, au Moyen Âge, l'empereur Charlemagne a créé des écoles où l'on apprenait les textes religieux, **l'astronomie** et le calcul. Et des siècles plus tard (en 1881), Jules Ferry a rendu l'école primaire obligatoire, gratuite et **laïque.**

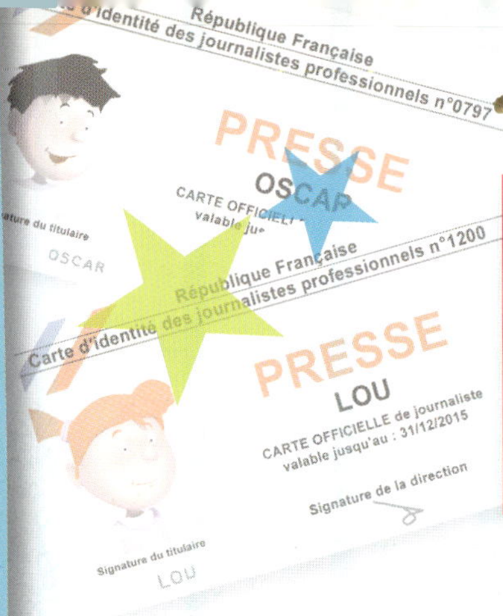

Le métier de… maîtresse d'école

Mathématiques, grammaire, découverte du monde, musique, peinture, jardinage, gymnastique… Une maîtresse doit en savoir des choses !

★ Au gymnase, la maîtresse est en tenue de sport, comme ses élèves. Chronomètre à la main, elle est prête pour la course de vitesse ! Rouler sur les tapis, grimper à la corde, marcher sur une poutre et, pour finir, un grand jeu de ballon ! La maîtresse explique les bons gestes, encourage les plus timides et a même un sifflet pour faire l'arbitre !

★ Pendant le cours de musique, la maîtresse apprend aux enfants à chanter, à écouter une mélodie, à reconnaître les notes. Do, ré, mi, fa…

★ Au cours d'arts plastiques, tout le monde met son tablier ! Tremper son pinceau dans l'eau, mélanger les couleurs, dessiner, découper, coller, décorer… les élèves et la maîtresse en raffolent !

L'école est finie

Lorsque l'année scolaire se termine et que l'été n'est pas loin, la maîtresse emmène souvent sa classe en sortie. Une grande randonnée en forêt, la visite d'un château ou d'un musée, et un super pique-nique dans un parc de jeux ! Cette journée a des airs de vacances !

My name is Anne ! Eh oui, la maîtresse apprend aussi une langue étrangère, souvent l'anglais, à ses élèves : les premiers mots, comme « bonjour », « au revoir », les jours de la semaine, les chiffres... Très vite, les enfants lisent de petits livres et apprennent des comptines en anglais !

Mini-quiz : serais-tu une bonne maîtresse ?

1. Combien y a-t-il de lettres dans l'alphabet ?
a) 24
b) 25
c) 26

2. Combien font 10 – 4 + 3 – 2 + 1 – 8 ?
a) 0
b) 1
c) 2

3. Comment s'appelle la mer qui borde Marseille ?
a) l'océan Atlantique.
b) la mer Méditerranée.
c) la Manche.

Réponses en page 32.

À toi de jouer !

Mots croisés

Remplis cette grille et tu trouveras un mot mystère !

La charade de Lou

On mange sur ma première.
Ma seconde est liquide.
La maîtresse écrit sur mon tout.
Qui suis-je ?

Regarde bien...

La maîtresse a égaré 5 livres de classe. Où sont-ils ?

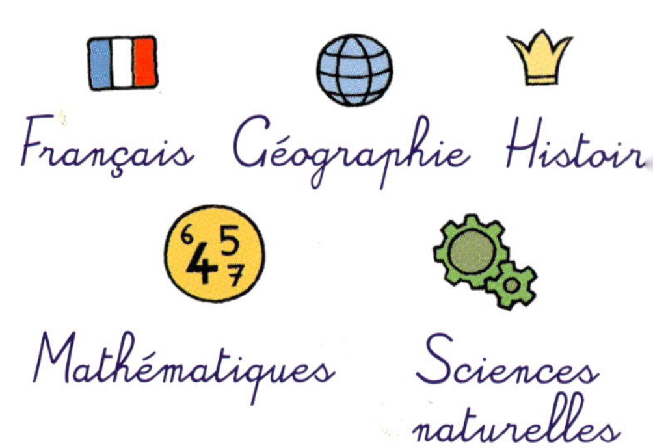